Campeones de la World Series: Los Detroit Tigers

El campocorto Javier Báez

El lanzador Max Scherzer

CAMPEONES DE LA WORLD SERIES

LOS DETROIT TIGERS

JOE TISCHLER

CREATIVE EDUCATION/CREATIVE PAPERBACKS

Publicado por Creative Education y Creative Paperbacks
P.O. Box 227, Mankato, Minnesota 56002
Creative Education y Creative Paperbacks son marcas
editoriales de The Creative Company
www.thecreativecompany.us

Dirección de arte por Tom Morgan
Diseño y producción por Ciara Beitlich
Editado por Jill Kalz

Fotografías por AP Images (Associated Press, Allan Dranberg,
Frank Jansky/Icon Sportswire), Getty (Getty Images Sport,
Patrick McDermott, MLB Photos, National Baseball Hall of
Fame, Rich Pilling, Gregory Shamus, Trancendental Graphics,
ZUMA/Alamy), Shutterstock (f11photo)

Library of Congress Cataloging-in-Publication Data
Names: Tischler, Joe, author.
Title: Los Detroit Tigers / [by Joe Tischler].
Description: [Mankato, Minnesota] : [Creative Education
   and Creative Paperbacks], [2024] | Series: Creative
   sports. Campeones de la World Series | Includes index.
   | Audience: Ages 7-10 years | Audience: Grades 2-3 |
   Summary: "Elementary-level text and engaging sports
   photos highlight the Detroit Tigers' MLB World Series wins
   and losses, plus sensational players associated with the
   professional baseball team such as Miguel Cabrera"--
   Provided by publisher.
Identifiers: LCCN 2023015526 (print) | LCCN 2023015527
   (ebook) | ISBN 9781640269439 (library binding) | ISBN
   9781682774939 (paperback) | ISBN 9781640269675 (ebook)
Subjects: LCSH: Detroit Tigers (Baseball team)--History--
   Juvenile literature. | Tiger Stadium (Detroit, Mich.)--History-
   -Juvenile literature. | World Series (Baseball)--History-
   -Juvenile literature. | American League of Professional
   Baseball Clubs--Juvenile literature. | Major League Baseball
   (Organization)--History--Juvenile literature. | Baseball--
   Michigan--Detroit--History--Juvenile literature.
Classification: LCC GV875.D6 T5718 2024 (print) | LCC GV875.D6
   (ebook) | DDC 796.357/640977434--dc23/eng/20230412

Impreso en China

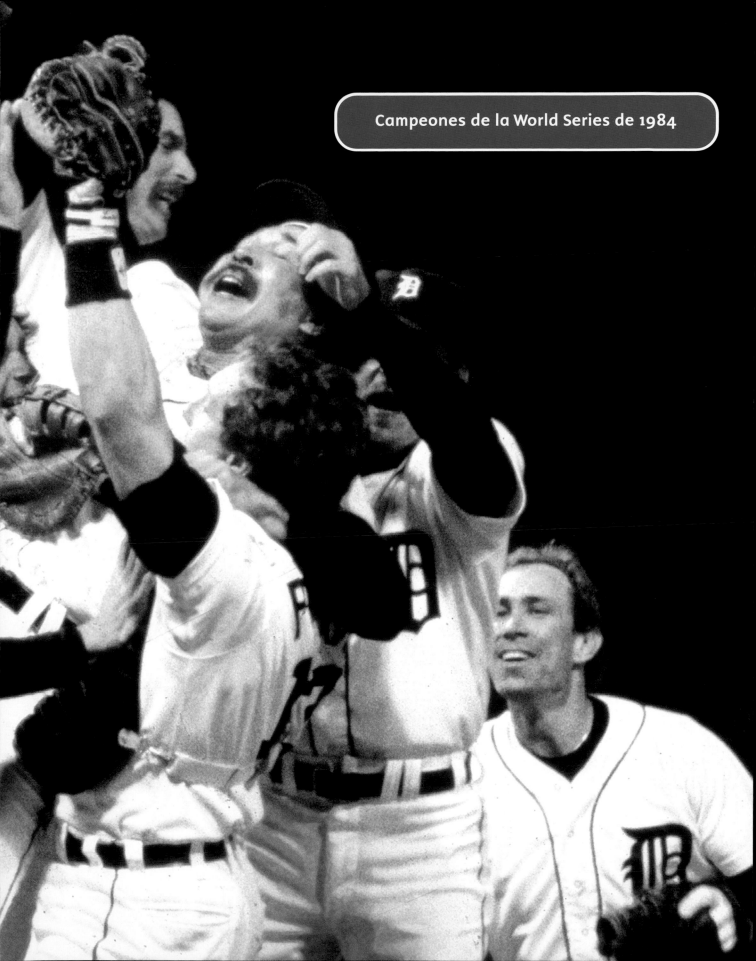

Campeones de la World Series de 1984

El jardinero Al Kaline

CONTENIDO

El hogar de los Tigers

Detroit, Michigan, es bien conocida por su industria automotriz. A menudo se la llama la "Motor City" (ciudad del motor). Detroit también es conocida por su equipo de béisbol, los Tigers. Ellos juegan en un **estadio** llamado Comerica Park.

Los Tigers son un equipo de béisbol de la Major League Baseball (MLB). Juegan en la División Central de la American League (AL). Sus principales **rivales** son los Cleveland Guardians y los Chicago White Sox. Cada año, los equipos de la MLB intentan llegar a la World Series. Solo uno será coronado como campeón de la liga.

El lanzador Tarik Skubal

Nombrando a los Tigers

La AL se formó en 1901. Uno de sus primeros equipos fue los Detroit Tigers. Algunos equipos de la MLB han tenido muchos apodos. El equipo de Detroit siempre se ha llamado los Tigers. Una de las razones del nombre es una referencia a una unidad militar de Detroit durante la Guerra Civil. Fue apodado "Tigers." Los jugadores de los Tigers llevan gorras azul marino con una *D* blanca al frente para los juegos locales. La *D* es naranja cuando juegan fuera de casa.

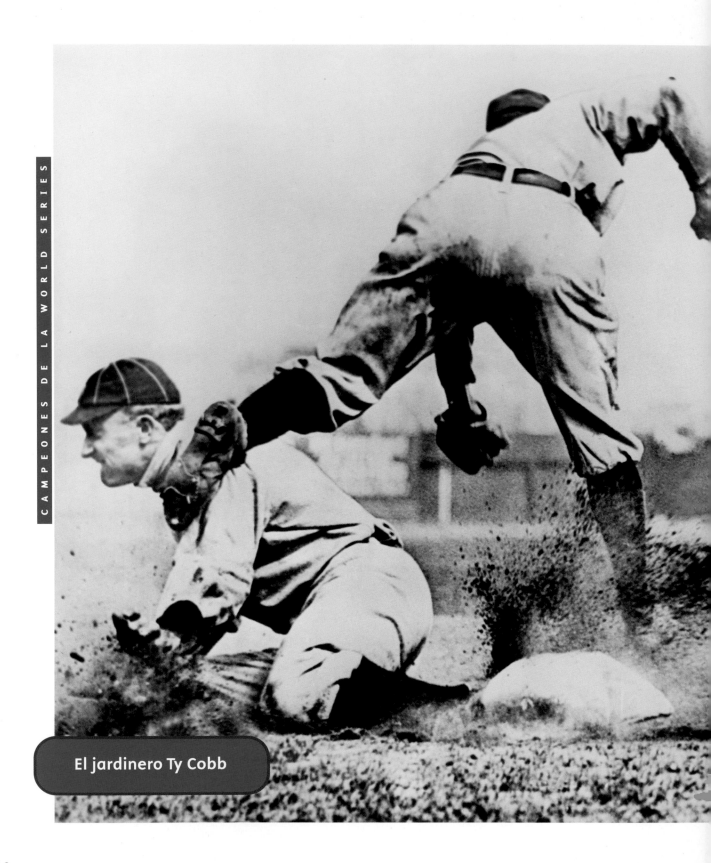

El jardinero Ty Cobb

Historia de los Tigers

Los Tigers fueron ganadores casi desde el principio. Jugaron en tres World Series consecutivas de 1907 a 1909. Las perdieron todas. Ty Cobb era un bateador estrella durante esos años. Él lideró la AL en bateo 12 veces durante su carrera. Tiene el promedio de bateo de carrera más alto de todos los tiempos (.366).

En 1935, Detroit finalmente se abrió paso hasta llegar a un **título** de la World Series! Vencieron a los Chicago Cubs. Los Tigers volvieron a vencer a los Cubs en la World Series de 1945. Toletero Hank Greenberg lideró a la AL en jonrones y carreras impulsadas (RBI) cuatro veces cada uno.

El primera base Hank Greenberg

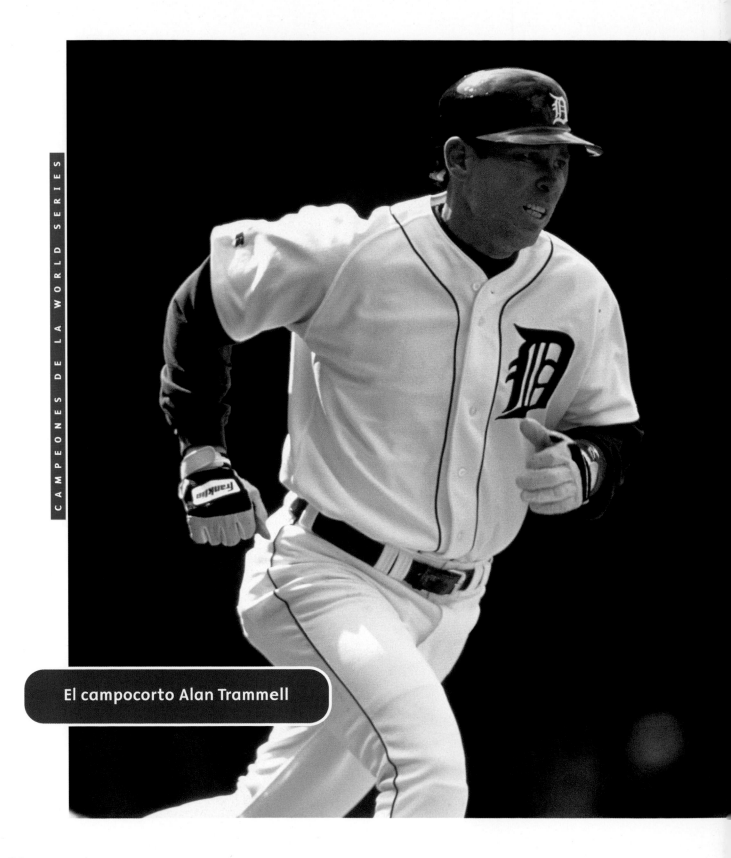

El campocorto Alan Trammell

El lanzador Denny McLain ganó 31 juegos en 1968. Él es el último lanzador de la MLB en ganar al menos 30 juegos en una temporada. Ese año, los Tigers vencieron a los St. Louis Cardinals para ganar la World Series.

En 1984, los jugadores de cuadro Alan Trammell y Lou Whitaker ayudaron al club a ganar su cuarto y último título de la World Series hasta la fecha.

Otras estrellas del equipo

El toletero Miguel Cabrera llegó a Detroit en 2008. Él lideró la AL en promedio de bateo cuatro veces. Incluso ganó la **Triple Corona** en 2012. Lideró a la AL en jonrones, carreras impulsadas y promedio de bateo.

El primera base Miguel Cabrera

El lanzador Justin Verlander

En la década de 2010, los lanzadores Justin Verlander y Max Scherzer ganaron cada uno un Cy Young Award. El premio se otorga al mejor lanzador de la liga. Estas estrellas ayudaron a los Tigers a llegar a dos World Series en la década de 2000.

Los nuevos lanzadores Casey Mize y Tarik Skubal esperan llevar pronto más banderines de la World Series a Comerica Park. ¡Los aficionados también lo esperan!

Sobre los Tigers

Comenzaron a jugar en: 1901

....

Liga/división: Liga Americana, División Central

....

Colores del equipo: azul marino y naranja

....

Estadio local: Comerica Park

....

CAMPEONATOS DE LA WORLD SERIES:

1935, 4 juegos a 2, venciendo a los Chicago Cubs

....

1945, 4 juegos a 3, venciendo a los Chicago Cubs

....

1968, 4 juegos a 3, venciendo a los St. Louis Cardinals

....

1984, 4 juegos a 1, venciendo a los San Diego Padres

....

Sitio web de los Detroit Tigers:
www.mlb.com/tigers

....

Glosario

estadio: un edificio con niveles de asientos para los espectadores

....

rival: un equipo que juega muy duro contra otro equipo

....

título: otra forma de decir campeonato

....

Triple Corona: el honor de liderar la liga en tres categorías diferentes en una misma temporada

....

El jardinero Harry Heilmann

Índice